www.tredition.de

PETER RUSSELL

SAMEN DES ERWACHENS

DIE NATUR DES BEWUSSTSEINS

© 2019 Peter Russell

Herausgeber: Johann F. Böing-Messing
Übersetzung: Johann F. Böing-Messing

Verlag und Druck: tredition GmbH,
Halenreie 40-44, 22359 Hamburg

ISBN
Paperback: 978-3-7497-1727-9
Hardcover: 978-3-7497-1728-6
e-Book: 978-3-7497-1729-3

Das Werk, einschließlich seiner Teile, ist urheberrechtlich geschützt. Jede Verwertung ist ohne Zustimmung des Verlages und Autors unzulässig. Dies gilt insbesondere für die elektronische oder sonstige Vervielfältigung, Übersetzung, Verbreitung und öffentliche Zugänglichmachung.

Bibliografische Informationen der Deutschen Nationalbibliothek: Die Deutsche Nationalbibliothek verzeichnet diese Publikation in der Deutschen Nationalbibliografie; detaillierte bibliografische Daten sind im Internet unter http://dnb.d-nb.de abrufbar.

Copyright © Englische Originalausgabe SEEDS OF AWAKENING 2018 Peter Russell

Inhalt

EINFÜHRUNG 7

1 DIE ZEITLOSE WEISHEIT
WIEDERENTDECKEN 14

2 DAS LEICHTESTE DER ZEITEN; DAS
SCHWIERIGSTE DER ZEITEN 19

3 ZURÜCK ZUM NATÜRLICHEN GEIST (Mind)
.... 23

4 MÜHELOSE MEDITATION 27

5 SICH DEM WIDERSTAND NICHT
WIDERSETZEN 31

6 WARTEN IST.. 37

7 DAS GLEICHNIS VOM SEIL..................... 39

8 RUHESTAND 43

9 SICH SELBST LIEBEN 45

10 DAS SELBST IDENTIFIZIERT SICH MIT
NICHTS 48

11 ZUM SELBST BETEN 52

12 VERGEBUNG 57

13 FREUNDLICHKEIT 61

14 DIE UNTERSTÜTZUNG DER NATUR 67

15 WO BIST DU? 70

16 WELLEN DES WISSENS 74

DEFINITIONEN 80

LITERATURVERZEICHNIS 81

RESSOURCEN UM TIEFER ZU GEHEN 82

ÜBER DEN AUTOR PETER RUSSEL 83

ÜBER DEN HERAUSGEBER 84

EPILOG – 360° JUST ONE 85

DANKSAGUNG 93

EINFÜHRUNG

Johann F. Böing-Messing präsentiert das Buch SAMEN DES ERWACHENS von Peter Russell. Es ist eine Sammlung von sechzehn kurzen Aufsätzen über das Erwachen des Bewusstseins. Es basiert auf der persönlichen Reise und den Einsichten des Autors. Themen wie das Wesen der Spiritualität und die Suche nach Glück werden genauso angesprochen wie Meditation, Loslassen, unsere wahre Natur, das reine Selbst, Liebe, Vergebung, Synchronizität und die Natur des Bewusstseins.

Ich erinnere mich an meine erste und bisher einzige persönliche Begegnung mit Peter Russell 1996 auf einem Zukunfts-Kongress in Bremen. Hier habe ich das Video „The White Hole in Time", die deutschsprachige Fassung „Im Strudel der Zeit" und die darin vorgestellte Vision für die Menschheit zum ersten Mal gesehen.

„Wenn wir einen Menschen glücklicher und heiterer machen können, so sollten wir es in jedem Fall tun, mag er uns darum bitten oder nicht."

Hermann Hesse

Ich erinnere mich, dass ich daraufhin 1996 die Mitglieder des hiesigen Rotary Clubs zu der privaten Vorführung des Videos „Im Strudel der Zeit" eingeladen habe.

Es ist ein wegweisendes Video, das aktueller denn je die Dynamik und Chancen der Zeit beschreibt. *

Nachfolgend sind einige Kernaussagen aus dem Video "Im Strudel der Zeit", „The White Hole in Time":

'Die Krise, der die Menschheit heute gegenübersteht, ist in ihrem Kern eine Bewusstseinskrise. Unser persönliches Interesse trübt unsere Wahrnehmung und unser Denken. In mancher Hinsicht sind wir nur halbwach. Im Verstehen der äußeren Welt hat unser Bewusstsein und Verständnis enorme Sprünge gemacht. Was unser eigenes Selbstverständnis anbelangt, sind wir noch lange nicht aufgewacht.

Noch immer wissen wir sehr wenig darüber, wie wir denken. Viele von uns sind sich ihrer Gefühle nicht völlig bewusst. Wir wissen noch immer nicht viel darüber, inwiefern unsere Haltung unsere Wahrnehmung und unser Denken beeinflusst. Unser inneres Selbst ist für uns noch immer ein Mysterium. Die große Grenze, die es noch zu überschreiten gilt, ist nicht der äußere Raum, sondern der innere Raum, die Erforschung und Entwicklung der menschlichen Seele. Eine Erforschung, die sich vielleicht als die faszinierendste, geheimnisvollste und wertvollste ihrer Art herausstellen wird. Dies ist der nächste Schritt in unserer Evolution, keine biologische Evolution, sondern eine Evolution des Bewusstseins. Und ähnlich früherer Sprünge in der Evolution wird dieser Schritt vielleicht viel schneller erfolgen als andere zuvor. Wie wir bereits gesehen haben, dauerte die Evolution einfacher Zellen mehrere Milliarden Jahre. Mehrzellige Organismen benötigten mehrere 100 Millionen Jahre. Säugetiere entwickelten sich innerhalb weniger 10 Millionen Jahre. Und der Homo Sapiens entstand innerhalb von 2 Millionen Jahren. Das gleiche Schema zeigt sich in unserer kulturellen Evolution. Sprache und Werkzeuge gibt es seit etwa 50.000 Jahren. Die ersten Zivilisationen entstanden vor ungefähr 5.000 Jahren. Sowohl Renaissance als auch industrielle Revolution fanden in den letzten 500 Jahren statt - und die Informationsrevolution innerhalb der letzten 50 Jahre. Es ist also sehr wahrscheinlich, dass die nächste Phase unserer Entwicklung, die Evolution des Bewusstseins, noch schneller anbrechen wird. Diese Entwicklung bedarf keiner Veränderungen in der äußeren Welt, nur eines Wandels in unserer Wahrnehmung der Welt und eine Wahrnehmungsänderung kann sich tatsächlich sehr schnell vollziehen. Wir würden uns dann eher noch schneller als langsamer entwickeln. Nur ginge es jetzt nicht um die Beschleunigung unserer äußeren Entwicklung, sondern unserer inneren. Wir könnten feststellen, dass wir uns spiralenförmig auf einen Moment unvorstellbar schneller Umwandlung zu bewegten, einen Moment, in dem das Licht inneren Wissens den Planeten erstrahlen lässt, eine Supernova des Bewusstseins, ein weißes Loch im Strudel der Zeit.

Vielleicht ist das eine etwas gewagte Spekulation, aber wer sagt denn, das es nicht möglich ist. Es ist das, was der französische Priester und Paläontologe Teilhard de Chardin als Punkt Omega bezeichnet, der Höhepunkt der menschlichen Evolution, ein Zeitpunkt, an dem wir die Energien der Liebe nutzbar machen und das Wesen der Schöpfung kennen lernen werden. Was müssen wir tun, damit dieser Sprung stattfindet? Wir müssen Wege finden um unseren Geist von den überholten Haltungen und Überzeugungen, die unserer globalen Krise zugrunde liegen, zu befreien, aus unserer materiellen Abhängigkeit ausbrechen. Darin liegt die Herausforderung, der sich jeder Einzelne von uns gegenübersieht, in unserem Denken weniger uns selbst als Mittelpunkt zu sehen, unnötige Ängste und Sorgen abzuschütteln und in uns selbst mehr zur Ruhe zu kommen. Wir müssen lernen, mehr im Jetzt zu leben, eine andere Person zu lieben, ganz gleich, wer sie ist. Zur Gegenwart zurückzukehren und vorbehaltlose Liebe in unserem Herzen zu tragen. Den Frieden, der jenseits allen Verstehens liegt, zu finden, darin bestand schon immer das Ziel der großen Geisteslehren. Sie haben alle auf ihre Weise versucht, uns aus den Klauen dieser Egozentrik zu befreien, uns zu helfen, die wahre Natur unseres Seins zu entdecken. So wie ein großer Lehrer es ausdrückt: Werde ruhig, lass den Geist frei werden vom Reiz der Sinne und wisse, wisse als eine direkte Lebenserfahrung, dass das ICH, das heißt das innere Selbst, das Licht des Bewusstseins, das in mir leuchtet, dasselbe Licht ist, das in allen Menschen leuchtet, in allen bewussten Geschöpfen und durch das ganze Sein. Die Möglichkeit des inneren Erwachens macht die Menschheit und die Zeit, in der wir leben, so bedeutungsvoll. Wir sind vielleicht nicht das einzige intelligente Leben im Universum. Vielleicht gibt es da draußen Milliarden, Trilliarden anderer Arten mit eigenem Bewusstsein. So gesehen sind wir nicht so bedeutend, nicht bedeutender als eine einzelne Knospe in einem Rosengarten. Was den Planeten Erde betrifft, sind wir jedoch sehr bedeutend. Hier, in diesem winzigen Winkel des Universums, ist eine Knospe im Begriff zu erblühen. Hier ist nach Milliarden Jahren ein Geschöpf entstanden, das über die biologische Evolution hinausgeht. Unser Geist, nicht unser Körper, entwickelt sich. Wir sind eine Spezies, die von den Erfahrungen anderer lernen kann, eine Spezies auf der Suche nach Bedeutung und Verstehen. Eine Spezies, die sich Ihres Bewusstseins gewahr ist, eine überaus kreative und geniale Spezies. Und wir haben das Potential zu viel, viel mehr. Es ist möglich, dass wir auf der Schwelle zu einem noch viel bedeutenderen Höhepunkt der Evolution stehen als die meisten von uns je zu träumen gewagt hätten. Wird die Menschheit diesen Sprung machen? Das hängt von uns ab. Nachdem wir so hart gearbeitet haben und so weit gekommen sind, wäre es allerdings bedauerlich, das zu versäumen, was uns zu größtem Ruhm gereichen könnte.'

Der Artikel ist eine Zusammenfassung wichtiger Kernsätze aus dem Video "Im Strudel der Zeit" von Peter Russell. Weitere Hinweise und Bestellmöglichkeiten finden Sie auf der Webseite peterrussell.com

1 DIE ZEITLOSE WEISHEIT WIEDERENTDECKEN

WIR LEBEN IN beispiellosen Zeiten. Die Wissenschaft beantwortet uralte Fragen über die Natur der Realität, die Geburt des Kosmos und den Ursprung des Lebens. Wir sind Zeugen von technologischem Fortschritt, der vor einem Jahrhundert als Science-Fiction angesehen worden wäre oder sogar als Magie. Und, noch beunruhigender, wir werden uns immer mehr bewusst, dass unser zunehmendes Wachstum einen Einfluss auf den Planeten hat. Dennoch, neben diesen rasend schnellen Veränderungen gibt es eine andere Entwicklung, die sich weitgehend unbemerkt vollzieht. Wir sind inmitten einer weit verbreiteten spirituellen Renaissance, einer zeitgemäßen Wiederentdeckung der zeitlosen Weisheit der Jahrhunderte.

Die meisten spirituellen Traditionen begannen mit einer Person, die eine mystische Erfahrung gemacht hat, eine tiefgehende Offenbarung oder ein klares inneres Erwachen.

Es mag geschehen sein durch eine engagierte spirituelle Praxis, eine tiefe Hingabe im Angesicht von schweren Herausforderungen oder manchmal einfach durch etwas Ungebetenes, aus heiterem Himmel – einen zeitlosen Moment, in dem die eigenen persönlichen Dramen in das Licht des tiefen inneren Friedens aufgehen mit einem Gefühl der Erfüllung. Wie auch immer es kommen mag, es führt normalerweise zu einer herrlichen Freude am Leben zu sein, einer bedingungslosen Liebe für alles Sein und die Auflösung eines Gefühls des persönlichen Selbst.

Die tiefgreifende Veränderung, die sie erfahren haben, führte viele von ihnen dazu, ihre Entdeckungen teilen zu wollen und anderen dabei zu helfen, ihr eigenes Erwachen zu erleben. Aber die, die ihren Lehren zuhörten, haben eventuell einige Aspekte missverstanden, vergaßen andere, und vielleicht haben sie sogar ihre eigenen Interpretationen hinzugefügt. Ähnlich wie bei dem Partyspiel "Stille Post", in dem eine Nachricht durch den Raum geflüstert wird, kann sie ganz anders als das Original ankommen, da die Lehre von einer Person zur nächsten gereicht wird, von einer Kultur zur nächsten. Übersetzt von einer Sprache in die nächste, entfernt sie sich immer weiter vom Original. Die zeitlose Weisheit wurde mehr und mehr verschleiert und eingeschlossen in die Überzeugungen und Werte der Gesellschaft, in der sie sich befand, was zu einer Vielfalt von Glaubensrichtungen führte, deren gemeinsames Wesen oft schwer zu erkennen ist.

Heute jedoch befinden wir uns inmitten einer spirituellen Renaissance, die sich bedeutend von der in der Vergangenheit unterscheidet. Wir sind nicht mehr länger begrenzt durch den Glauben unserer besonderen Kultur; wir haben Zugang zu vielen Weisheitstraditionen, vom Beginn der aufgezeichneten Geschichte bis zum heutigen Tage. Außerdem sind die Einsichten von zeitgemäßen Lehrern rund um den Planeten in Büchern, Audiodateien, Videos und im Internet verfügbar. Nichts davon war zuvor möglich.

Anstatt dass es nur einen einzigen spirituellen Lehrer gibt, gibt es jetzt viele direkte Erfahrungen und Darlegungen der immer wiederkehrenden Philosophie. Einige mögen offensichtlicher sein als andere, und einige mögen klarere Erkenntnisse haben als andere, aber alle tragen zu einer wachsenden Wiederentdeckung der zeitlosen Weisheit bei. Wir sehen durch die offensichtlichen Unterschiede der Glaubenssysteme der Welt, vorbei an verschiedenen kulturellen Fallen und Interpretationen, zu dem, was in ihrem Herzen liegt. Anstatt, dass die Wahrheit sich zunehmend verdünnt und verschleiert, während sie weitergegeben wird, verstärken sich heute unsere Entdeckungen gegenseitig. Gemeinsam konzentrieren wir uns auf die wesentliche Lehre.

Während wir die Schichten der angesammelten Dunkelheit abbauen, wird die Kernbotschaft nicht nur immer deutlicher, der Weg wird auch immer einfacher. Es gibt eine wachsende Erkenntnis, dass das Bewusstsein unserer wahren Natur nicht das fleißige Lesen von spirituellen Texten erfordert, Jahre der Meditationspraxis oder die tiefe Hinwendung zu einem Lehrer, sondern nur die Bereitschaft in eine radikal ehrliche Erforschung der Natur des Bewusstseins selbst, und zwar nicht eine intellektuelle Erforschung, sondern eine persönliche Erforschung dessen, was und wer wir wirklich sind.

2 DAS LEICHTESTE DER ZEITEN; DAS SCHWIERIGSTE DER ZEITEN

BUDDHA HATTE ES leicht. Er wurde nicht vom Fernseher, vom Internet, Nachrichten von Katastrophen in fremden Ländern oder den neuesten Skandalen von Stars und Politikern abgelenkt. Er musste nicht zurückrufen, auf E-Mails antworten, die in seinem Postfach aufgingen oder sich mit den kürzlich veröffentlichten Tweets oder Facebook Posts beschäftigen. Er musste nicht in einem Job arbeiten, um seine Rechnungen zu bezahlen. Er machte sich keine Sorgen um einen Börsencrash, Strahlungslecks, Klimawandel oder das Versagen der Banken. Sein Verstand summte nicht unaufhörlich vom dumpfen Rauschen des Verkehrs, von der Hintergrundmusik und einem allgegenwärtigen elektrischen Brummen. Er wurde nicht mit verführerischer Werbung bombardiert, die ihm sagte, dass ihm dies oder das fehlte und er nicht glücklich sein könnte, bis er es hatte. Er lebte nicht in einer Kultur, die auf

Schritt und Tritt versuchte, seine Aufmerksamkeit auf unnötige Gedanken und Ablenkungen zu lenken.

Dennoch war sein Weg schwierig. Der einzige spirituelle Ratschlag, den er als junger Mann erhielt, kam von traditionellen vedischen Priestern, die aufwendige Rituale und Opfer als Weg zur Erlösung befürworteten. Er musste sein Zuhause verlassen und Jahre mit dem Wandern durch Wälder und Dörfer im Norden Indiens auf der Suche nach geistlicher Führung verbringen. Und die, die ihm weiterhalfen, waren nur wenige und weit weg; die spirituellen Pioniere dieser Zeit begannen gerade zu realisieren, dass geistige Freiheit vielmehr von innen kommt als von einer Art Gottheit. Er versuchte alles Mögliche, lernte von den besten Lehrern, die er finden konnte, praktizierte Askese bis an den Rand des Verhungerns. Aber am Ende musste er die Erkenntnis sich selbst erarbeiten. Als er dies tat, kam er zu der radikalen Erkenntnis, dass es das Festhalten an unseren Vorstellungen, wie Dinge sein sollten, ist, was Leiden verursacht und uns von unserer wahren Natur fernhält.

Heute haben wir es so viel einfacher. Wir können die Ergebnisse von Buddhas Erkenntnissen ernten – und die von seinen Anhängern, die ihre eigene Verwirklichung hinzugefügt haben. Wir können vom Reichtum anderer indischer Philosophien lernen, die sich über die Jahrhunderte entwickelten, und von der Lehre des Daos, der Sufis, von westlichen Mystikern, einheimischer Weisheit oder anderen Traditionen. Wir haben nicht nur die Vorteile von Jahrhunderten von spiritueller Forschung in so vielen Ländern, sondern wir haben auch Zugang zum Wissen von vielen erwachten Menschen, die heute am Leben sind. Wir können zu ihren Füßen sitzen, ihre Worte lesen, ihre Aufnahmen anhören, Videos oder Livestreams im Internet anschauen. Wir haben auch Fortschritte in Psychologie, Neurowissenschaft, Chemie und Biologie gemacht, um unser Verständnis und unsere Erfahrungen zu vergrößern. Am bedeutendsten aber ist, dass wir die diversen Ausdrücke dieser zeitlosen Weisheit in ein Verständnis umwandeln können, das jeder im Herzen versteht. Vergisst man Zeit und Kultur, so entdecken wir gemeinsam, dass der Schlüssel zum Erwachen das einfache

Loslassen von Vorurteilen und Verurteilungen ist, wobei wir unsere Aufmerksamkeit ins Hier und Jetzt zurückbringen und unsere wahre Natur direkt erkennen.

Zusammenfassend gesagt, ist es auf der einen Seite immer leichter geworden zu erwachen; auf der anderen Seite macht es die Zeit, in der wir leben, anspruchsvoller. Wie kommen die beiden Aspekte ins Gleichgewicht? Generell, ist es einfacher oder schwieriger als vor 2.500 Jahren? Wer kann das schon sagen? Aber wir können die Waage zu unseren Gunsten verschieben, indem wir die Vorteile des wachsenden Reichtums an Weisheit nutzen, der heute so schnell verfügbar ist, um die effektivsten und direktesten Wege zum Erwachen zu wählen. Dabei müssen wir uns immer die Ablenkungen unserer derzeitigen Welt vor Augen halten, welche es so herausfordernd machen, erwacht zu bleiben.

3 ZURÜCK ZUM NATÜRLICHEN GEIST (Mind)

HINTER ALL UNSEREN Bemühungen liegt das Verlangen, sich gut zu fühlen - oder glücklich zu sein, zufrieden, entspannt und sich wohl zu fühlen. Niemand will Schmerzen haben oder unnötig leiden. Das ist unsere wahre Untergrenze. Wir mögen zwar glauben, dass wir externe Ziele verfolgen, aber wir suchen sie in der Hoffnung, dass, entweder so oder so, wir uns besser fühlen werden als zuvor.

Warum also sind wir so selten im Frieden? Schließlich sind wir intelligente Lebewesen, die nach vorne blicken und für die Zukunft planen können. Außerdem haben wir viele Werkzeuge und Technologien, mit denen wir eine bessere Welt kreieren können. Man könnte meinen, dass wir von allen Kreaturen die zufriedensten und entspanntesten wären. Jedoch scheint das genaue Gegenteil der Fall zu sein. Unser Hund oder unsere Katze scheinen sich viel wohler zu fühlen als wir selbst das tun.

Paradoxerweise ist es unsere einzigartige Fähigkeit, die Welt zu verändern, welche uns in diesen traurigen Zustand geführt hat. Wir glauben, dass wir nicht im Frieden seien, also müssten wir etwas dagegen tun. Wir glauben, dass wir Ziele erreichen, einige Dinge besitzen, neue Erfahrungen finden müssten; oder umgekehrt, Situationen oder Personen umgehen, die uns Sorgen bereiten. Wir nehmen an, dass wir, wenn wir unsere Welt doch nur so machen könnten, wie wir es wollen, endlich glücklich sein könnten.

Kurz gesagt, dieser Ansatz scheint zu funktionieren. Wenn wir bekommen, was wir wollen, fühlen wir uns normalerweise besser. Aber nur für kurze Zeit. Früher oder später sind wir wieder auf der Suche nach einer anderen Quelle zum Glück.

Wir leben im, in der indischen Philosophie so bezeichneten, Samsara, was "endlos weiterwandern" bedeutet. Wir wandern weiter und suchen nach Glück in einer Welt, die nur vorübergehende Ruhepausen vor unserer Unzufriedenheit, flüchtige Befriedigung, gefolgt von weiteren Wanderungen auf der Suche nach dem unerreichbaren Ziel, bietet.

Ironischerweise führt der Glaube, dass Seelenfrieden von dem herrührt, was wir haben oder tun, oft zum Gegenteil. Die Idee, dass uns etwas fehlt oder dass etwas geändert werden muss, führt zu einem Gefühl der Unzufriedenheit. Unsere Aufmerksamkeit wird vorrangig auf das gelenkt, was wir brauchen, die Entscheidungen, die getroffen werden müssen, die Pläne, die ausgeführt werden müssen, – vieles davon betrifft Situationen, die noch gar nicht existieren und vermutlich auch nie existieren werden. Unsere Gedanken gehen ohne große Pausen von einem Problem zum Nächsten.

Im Laufe der Geschichte gab es Menschen, die eine zeitlose Wahrheit über das menschliche Bewusstsein entdeckt haben: Unser natürlicher Geisteszustand ist bereits von Entspannung und Zufriedenheit geprägt. Mit "natürlich" ist nicht der Geisteszustand gemeint, in dem wir die meiste Zeit verbringen – welcher für die große Mehrheit nicht von Entspannung und Zufriedenheit geprägt ist. Die Weisheitslehrer sprechen von dem Geist, der noch nicht von Sorgen und Bedenken getrübt ist. So fühlen wir uns, wenn alles in Ordnung ist; wenn wir uns um nichts sorgen.

Immer wieder haben sie uns gesagt, dass wir nichts tun müssen und nirgends hingehen müssen, um zu diesem natürlichen Zustand der Entspannung zurückzukehren. Wir müssen einfach alle Anhaftungen daran loslassen, wie die Dinge sein sollen oder nicht sein sollen; uns unsere Erfahrungen in der Gegenwart so bewusstmachen, wie sie sind, ohne Widerstand oder Urteil. Dann – und das ist der Schlüssel – lockert sich die Aufmerksamkeit nach und nach und entspannt sich allmählich.

Wenn wir das tun, erhalten wir eine Kostprobe davon, wie es sich anfühlt, frei von Sorgen, Planung und Erwartung zu sein. Wir finden den Frieden des Geistes, Seelenfrieden, welchen wir die ganze Zeit gesucht haben. Einen Frieden, der den Ereignissen nicht ausgeliefert ist oder den Schwankungen des denkenden Verstands. Einen Frieden, zu dem wir immer und immer wieder zurückkehren können.

4 MÜHELOSE MEDITATION

SIE MÖGEN überrascht sein zu hören, dass Meditation mühelos sein sollte, dass weder Konzentration noch Streben benötigt wird. Ich weiß, dass ich das war. Als ich das erste Mal Interesse an Meditation hatte, wurde mir wiederholt gesagt, dass ich große mentale Disziplin bräuchte und viele Jahre Übung. Indische Lehrer hatten den Geist mit einer Wagenladung ruheloser Affen verglichen, die gefesselt und ruhig gehalten werden müssten.

Und meine Erfahrung schien das zu bestätigen. Mein Geist war voller Gedanken, und so gut ich auch versuchte sie in Schach zu halten, so konnte ich sie doch nicht in Schach halten. Wie viele andere auch nahm ich natürlich an, dass ich es nicht entschieden genug versucht hatte; ich bräuchte mehr mentale Disziplin, nicht weniger.

Dann bin ich zufällig auf die transzendentale Meditation gestoßen. Sein Lehrer, Maharishi, der durch die Beatles bekannt wurde, hat die Vorstellung, zu versuchen den Geist zu kontrollieren, in Frage gestellt. Die Affen, auf die er verwies, wollten irgendetwas – wahrscheinlich mehr als Bananen. Gib ihnen was sie wollen und sie werden sich selbst beruhigen. Das gleiche gilt für den Geist; er ist rastlos, weil er nach irgendetwas sucht. Und was suchen wir eigentlich? Wir wollen uns besser fühlen - glücklich sein, entspannter, zufriedener. Er argumentierte, dass, wenn wir dem Geist den Geschmack der inneren Zufriedenheit geben, den er sucht, er darauf anspringen und sich von sich aus beruhigen wird.

Das machte mehr Sinn für mich als das, was mir zuvor entgegengekommen ist, also lernte ich seine Übungen. Und es funktionierte. Ich schaffte es, dass mein Geist ohne Anstrengung ruhiger wurde. In der Tat, als ich versehentlich anfing, den Prozess kontrollieren zu wollen, in der Hoffnung, dass ich damit meine Meditation vertiefen könnte, funktionierte es nicht so gut.

Ich schlage damit nicht vor, dass dies bei jeder Art von Meditation ihre Anwendung findet.

Techniken, die entwickelt wurden, um insbesondere mentale Fähigkeiten oder Gemütszustände zu kultivieren, können durchaus einen hohen Grad von Konzentration oder mentale Disziplin beinhalten.

Aber wenn es um die Grundkenntnisse von Entspannung in Richtung auf einen ruhigeren Geisteszustand geht, dann ist Anstrengung in der Regel eher kontraproduktiv.

Wenn man bemerkt, dass man sich in Gedanken verrannt hat, sollte man diese Tatsache akzeptieren. Verurteilen Sie sich nicht und geben Sie sich nicht die Schuld. Es passiert – sogar den erfahrensten Meditierenden.

Anstatt den Gedanken zu folgen, wie man das aus dem normalen Leben kennt, bringen Sie Ihre Aufmerksamkeit langsam zur Erfahrung des gegenwärtigen Moments zurück. Und beachten nur das, was dort ist. Vielleicht sind Geräusche um Sie herum, Gefühle im Körper, der Atem, irgendein Empfinden, eine Spur von Entspannung oder Frieden. Das ist ganz egal.

Lassen Sie die Aufmerksamkeit in der Erfahrung verbleiben. Versuchen Sie nicht sie zu konzentrieren oder sie dort zu halten. Ach ja, Sie werden bestimmt wieder vom Weg abkommen. Aber der Sinn der Übung ist es nicht, gegenwärtig zu bleiben, sondern zum gegenwärtigen Moment zurückzukehren. Wenn Sie hundert Mal abdriften, dann sind das hundert Möglichkeiten absichtsvoll die Aufmerksamkeit ins Jetzt zurückzuführen.

Sogar dann kann Versuch und Anstrengung auf subtile Weise entstehen. Vielleicht, wenn ich nur das hinzufüge oder auf das den Fokus lege, wird es leichter. Einiges davon ist so subtil, dass wir nicht einmal mehr bemerken, dass wir es tun. Ein leichter Versuch, den Geist zu kontrollieren, eine Spur von Widerstand gegen eine Erfahrung, sogar die Absicht eine gute Meditation haben zu wollen, sie alle stehen im Weg um vollständig loszulassen.

Aber wenn wir einfach gewahr werden, dann entdecken wir, dass es wirklich nirgendwo hingeht und es nichts zu tun gibt. Es war das Tun, was uns zurückgehalten hat.

5 SICH DEM WIDERSTAND NICHT WIDERSETZEN

DAS GEBÄUDE, IN DEM ICH eine Meditationsgruppe führte, lag in derselben Straße wie eine Feuerwehrstation. Man konnte fast garantieren, dass manchmal während des Meditierens ein Feuerwehrauto mit heulender Sirene vorbeiraste. Wenig überraschend, dass die Leute sich danach beschwerten. "Wie soll ich denn meditieren mit diesem Lärm?"

Wie oft haben wir uns ähnlich gefühlt? Es gibt die eine unausgesprochene Annahme, dass unser Geist erst dann zur Ruhe kommen kann, wenn die Welt um uns herum ruhig ist. Wir stellen uns die ideale Meditationsumgebung weit weg von der lärmenden Menge vor – der Rückzug tief in den Wald, eine friedliche Kapelle, oder sogar die Stille des eigenen Schlafzimmers. Es ist viel schwieriger für den Verstand, zur Ruhe zu kommen, wenn die Umgebung laut ist.

Aber ist es das wirklich so?

Ich schlug der Gruppe vor, das nächste Mal, wenn ein Feuerwehrauto vorbeiraste, in sich hineinzusehen und zu beobachten, ob der Lärm wirklich so störend ist. Nach der folgenden Meditation berichtete eine Frau, dass der Lärm nicht länger ein Problem zu sein schien. Er war da, aber er war nicht störend.

Die Störung, die sie bemerkte, kam nicht vom Geräusch selbst, sondern von ihrem Wunsch, dass es nicht da wäre.

Das ist der Kern von Buddhas Erkenntnis vor 2.500 Jahren. Wir alle erfahren etwas, das er "Dukkha" nannte, übersetzt in etwa mit "leiden". In Pali, die Sprache zu Buddhas Zeit, war Dukkha die Verneinung des Worts Sukha, was "sich wohl fühlen" bedeutet. Also könnte Dukkha auch mit „sich nicht wohl fühlen oder Unzufriedenheit" übersetzt werden – eine Erfahrung, die wir alle kennen.

Die Wurzelbedeutung dieser Wörter fügen weitere Einsichten hinzu. Sukha stammt von su (gut) -kha (Loch) und bezieht sich generell auf das Achsloch im Rad eines Wagens. Das Rad war ein großer technologischer Segen der damaligen Zeit, und dass es reibungslos um die Achse lief oder nicht, war ein Hauptanliegen sowohl für den Komfort als auch für die Effizienz. Umgekehrt ist die Wurzel von dukkha duh (schlecht) -kha (Loch). Es besteht ein Widerstand gegen den ruhigen Lauf des Rades, was zu Reibung und Unbehagen führt.

Ähnlich verhält es sich mit dem Geist. Wenn wir Dinge so akzeptieren, wie sie sind, "geh mit dem Strom", dann ist das Leichtigkeit – Sukha. Dies ist unser natürlicher Geisteszustand – zufrieden und entspannt. Dukkha, Leiden, entsteht, wenn wir unserer Erfahrung widerstehen. Unser natürlicher Zustand von Zufriedenheit wird von einer selbstkreierten Unzufriedenheit verschleiert.

Somit, wie zahlreiche Lehrer herausgefunden haben, wir können zu einem friedlicheren Geisteszustand zurückkehren, indem wir unsere Anhaftungen daran loslassen, wie Dinge sein sollten und unsere Erfahrung so akzeptieren, wie sie ist. Sich nicht zu wünschen, dass es anders ist, keine unnötige Unzufriedenheit kreieren.

Nachdem sie das hören, fragen die Leute oft: Heißt das, ich soll Ungerechtigkeit und Grausamkeit akzeptieren, dass die Obdachlosen auf den Straßen schlafen oder die feindselige Haltung meines Partners? Natürlich nicht. Es gibt zahlreiche Situationen, die wir nicht tolerieren müssen, und jeder von uns ist auf seinem eigenen Weg berufen zu tun, was er kann, um die Dinge zu verbessern.

"Unsere Erfahrung so akzeptieren, wie sie ist" bedeutet nur, die Erfahrung in diesem Moment zu akzeptieren. Wenn Sie sich frustriert fühlen, wütend oder empört, dann akzeptieren Sie dieses Gefühl. Widerstehen Sie nicht oder wünschen Sie es sich nicht weg; aber lassen Sie es herein und interessieren Sie sich dafür, wie es sich anfühlt.

Wir können auch das Gefühl des Widerstands an sich erforschen. Es kann ziemlich subtil sein und nicht leicht sofort bemerkt werden. Ich finde es nützlich, einfach eine Pause zu machen und mich zu fragen: "Gibt es irgendeine Spur von Widerstand, die ich nicht bemerke?" Dann warten Sie einfach. Ein gewisser Groll oder eine Abneigung gegen meine Erfahrung kann sich bemerkbar machen oder manchmal ein schwaches Gefühl der Spannung oder Kontraktion in meinem Wesen. Anstatt mich auf die besondere Erfahrung zu konzentrieren, der ich mich widersetze, lenke ich meine Aufmerksamkeit auf das Gefühl des Widerstands selbst und öffne mich für diesen Aspekt des "Was ist".

Anstatt meine Erfahrung in zwei Teile zu teilen - die tatsächliche Erfahrung im Moment und meinen Widerstand dagegen -, ist das Gefühl des Widerstands jetzt Teil des gegenwärtigen Moments. Wenn ich den Widerstand hereinbitte, beginnt er weicher zu werden und sich aufzulösen. Dann kann ich offener demgegenüber sein, gegen das ich Widerstand leiste. Ich kann es hereinlassen und beginnen, die Erfahrung so zu akzeptieren, wie sie ist.

Wenn Sie also etwas finden, was Ihren inneren Frieden zu stören scheint – ob es das Verhalten eines Freundes ist, irgendein Politiker im Fernsehen oder ein vorbeirasendes Feuerwehrauto – halten Sie kurz inne und beobachten Sie, was in Ihnen passiert. Schauen Sie, ob es eine Spur von Widerstand gegen Ihre Erfahrung gibt. Wenn ja, öffnen Sie diese Erfahrung des Widerstands. Seien Sie neugierig auf das, was gerade los ist und wie es sich anfühlt.

Wenn Sie sich dem Widerstand nicht widersetzen, sondern ihn als Teil des "Was ist" akzeptieren, werden Sie wahrscheinlich feststellen, dass Sie sich in Situationen wohlfühlen können, in denen Sie zuvor gelitten hätten.

6 WARTEN IST

"WARTEN IST" - ein Satz, der durch Robert Heinleins gefeierter Science-Fiction Novelle „Stranger in a Strange Land", unsterblich gemacht wurde.

Für die meisten von uns ist warten nicht einfach und oft langweilig. Wenn wir auf den Bus oder Flieger warten, suchen wir nach irgendetwas, um die Zeit vorbeigehen zu lassen. Sitzen wir beim Arzt im Wartezimmer, dann verschwenden wir unsere Zeit mit dem Durchblättern von Zeitschriften, die uns wenig interessieren. Alternativ checken wir unsere E-Mails, unsere Social-Media-Konten oder den Newsfeed, da wir keine Zeit verschwenden möchten.

Wir wollen, dass das Warten vorbei ist, damit wir mit den wichtigeren Dingen weitermachen können, die wir tun müssen.

Auf der anderen Seite kann einfaches Warten – nicht das Warten, bis etwas passiert, sondern warten, ohne es zu wollen – eine erleuchtende Erfahrung sein.

Der Geist entspannt sich, und es gibt mehr Raum für die Gegenwart, um sich zu entfalten. Wir fangen an Aspekte unserer Welt zu bemerken, dessen wir uns vorher nicht bewusst waren – des Geräusches des Kühlschrankes oder einer entfernten Konversation, eines Baumes, der sanft von einer Brise bewegt wird, des Geruchs vom Kochen oder eines Gefühls im Körper. Es ist ganz egal, was; und es wird vermutlich jedes Mal etwas Anderes sein.

Die Übung nur zu warten, erfordert es nicht zu warten, dass wir auf einen Bus warten oder im Wartezimmer sitzen. Jeden Moment des Tages können wir wählen, ob wir für eine Weile eine Pause machen und einfach warten.

Warten ohne einen Grund, was wohl als nächstes kommen wird. Es ist ganz egal. Warten ist.

Beginnen Sie bitte jetzt. Machen Sie eine Pause. Nehmen Sie einen Atemzug. Entspannen Sie sich... und warten Sie...

7 DAS GLEICHNIS VOM SEIL

WIR SIND WIE eine Person, ein Mensch, der sich an einem Stück Seil festhält.

Er hält an seinem Leben fest und weiß, dass er sicher fallen würde, wenn er losließe. Seine Eltern, seine Lehrer und viele andere haben ihm erzählt, dass das so ist. Und er schaut herum und sieht jeden anderen sich festhalten. Nichts würde ihn davon abhalten loszulassen.

Dann kommt ein Weiser vorbei. Er weiß, dass das Festhalten nicht mehr funktioniert, dass die Sicherheit, die das bietet, nur eine Illusion ist und dass es einen nur dort hält, wo man gerade ist. Also sucht er nach einem Weg, seine Illusionen zu zerstreuen und ihm zu helfen, frei zu werden.

Er spricht mit tiefer Freude, voll wahrer Glückseligkeit, einem friedlichen Geist. Er sagt ihm, dass er eine Kostprobe haben kann, wenn er nur einen Finger vom Seil nehmen würde.

"Einen Finger", denkt sich der Mensch; "das ist kein zu großes Risiko für einen Vorgeschmack von Glückseligkeit." Also stimmt er zu, diese erste Einweihung zu riskieren.

Und er spürt tatsächlich mehr Freude, Fröhlichkeit und einen friedlicheren Geist.

Aber nicht genug, um dauerhafte Erfüllung zu bringen.

"Noch mehr Freude, Fröhlichkeit und Friede kann dein sein," sagt er, "wenn du nur einen zweiten Finger loslässt."

"Das," sagt er sich selbst, "wird schwieriger werden. Werde ich sicher sein? Habe ich den Mut dazu?"

Er zögert, doch dann spreizt er einen Finger, er spürt, wie es wäre, ein bisschen mehr loszulassen . . . und nimmt das Risiko auf sich.

Er ist erleichtert, dass er nicht fällt; stattdessen findet er ein größeres Glück und inneren Frieden.

Aber könnte noch mehr möglich sein?

"Vertrau mir," sagt er. "Habe ich dich bis jetzt enttäuscht? Ich kenne deine Ängste, ich weiß, was dein Verstand dir sagt – dass es verrückt ist, dass es gegen alles verstößt, was du bisher gelernt hast – aber bitte, vertraue mir. Ich verspreche dir, du wirst sicher sein und wirst noch mehr Fröhlichkeit und Zufriedenheit erfahren."

"Brauche ich inneren Frieden wirklich so sehr," wundert er sich, "dass ich bereit bin, alles zu riskieren, was mir am Herzen liegt? Im Prinzip, ja; aber kann ich sicher sein, dass ich nicht falle?" Mit ein wenig Unterstützung beginnt er, seine Ängste zu betrachten, über deren Grundlage nachzudenken und herauszufinden, was er wirklich will. Langsam fühlen sich seine Finger weich und entspannt an. Er weiß, dass er es kann. Er weiß, er muss es tun. Es ist nur eine Frage der Zeit, bis sich sein Griff löst.

Und als das passiert erfüllt ihn ein viel größeres Gefühl von Frieden.

Er hängt jetzt an einem Finger. Die Vernunft sagt ihm, er hätte fallen sollen, nachdem er den einen oder zwei Finger gelöst hatte. Aber er ist nicht gefallen. "Stimmt etwas nicht, wenn man sich festhält?" "War das die ganze Zeit über falsch?"

"Das hängt von dir ab," sagt er." Ich kann dir nicht mehr weiterhelfen. Denke aber daran, dass all deine Ängste unbegründet sind."

Seiner inneren Stimme vertrauend, lässt er allmählich den letzten Finger los. -

Und nichts passiert.

Er bleibt genau da, wo er ist.

Dann bemerkt er, warum. Er stand die ganze Zeit auf dem Boden.

Und wenn er auf den allgegenwärtigen Boden schaut, findet er wahren Seelenfrieden.

8 RUHESTAND

___

RUHESTAND

Nein, nicht am Ende Ihres Berufslebens, wenn Sie sich endgültig aus dem Erwerbsleben zurückziehen und mehr Zeit für sich selbst nehmen. Jetzt in den Ruhestand gehen, im Alltag.

Entlassen Sie den Geist in den Ruhestand.

Lassen Sie Ihre Aufmerksamkeit von allem zurücktreten, was Sie beschäftigt. Werden Sie sich dessen bewusst, was bereits da war, bevor dieser Gedanke Einzug hielt.

Vielleicht gibt es eine Emotion, ein Gefühl, ein Empfinden im Körper, Ihren Atem, Geräusche um Sie herum. Es ist ganz egal, was es ist. Verschiedene Dinge zeigen sich zu verschiedenen Zeiten. Beobachten Sie nur, was bereits da ist, aber unbemerkt vorbeigegangen ist.

Dann gehen Sie wieder in den Ruhestand. Lassen Sie die Aufmerksamkeit zurücktreten, um sich dessen bewusst zu werden, was da ist, neben Empfindungen und Gefühlen.

Auch hier gibt es keine richtige Antwort. Es ist der Prozess selbst, um den es geht. Pausieren Sie einfach und beobachten Sie, was da ist.

Und dann gehen Sie wieder in den Ruhestand.

Und wieder...

9 SICH SELBST LIEBEN

LIEBE DICH SELBST. Ein bekannter Satz.

Eine Bedeutung davon ist es, zu lieben, wer man ist – sich selbst akzeptieren, so wie man ist, Warzen und alles; Mitgefühl haben für seine Defizite, während man sich an seinen Gaben erfreut. Uns selbst so zu lieben, ist bestimmt wertvoll; es kann unser Selbstwertgefühl stärken und uns zu einem authentischeren Leben anspornen.

Eine andere Bedeutung, wie wir uns selbst lieben können, ist es, das Gefühl der Liebe, das in unserem Herzen wohnt, zu empfinden, das Gefühl, das wir kennen, wenn wir jemanden lieben, und es zu uns selbst fließen lassen – nichts Bestimmtes an uns zu lieben, einfach Liebe für uns selbst erfahren.

Und es gibt eine andere, tiefere Eigenschaft des Selbst, die oft als "reines" oder "inneres" Selbst oder einfach als "Selbst" bezeichnet wird. Es ist die allgegenwärtige Präsenz vom "Ich". Dieses innere Gefühl von "Ich", das sich niemals verändert. Es ist dasselbe Gefühl, welches bereits gestern, letztes Jahr und so weit, wie wir zurückdenken können, da war. Unsere Gedanken, unsere Vorlieben und Abneigungen, unsere Persönlichkeit, Verlangen und Überzeugungen mögen sich über die Jahre wesentlich geändert haben, aber das "Ich", welches dies alles erfahren hat, hat sich nicht verändert.

Es ist das "Ich" in "Ich bin". Das "Ich", das uns bewusst ist. Das "Ich", welches den jetzigen Moment kennt, welches jede Erfahrung, die wir jemals hatten oder haben werden, kennt.

Die meiste Zeit über beachten wir diese stille innere Stimme des Seins nicht. Unsere Aufmerksamkeit ist auf das gerichtet, was wir erleben. Aber wenn unsere Aufmerksamkeit sich entspannt und wir dessen gewahr sein werden, was das alles erlebt, finden wir inneren Frieden und Entspannung, eine größere Zufriedenheit, der nichts mehr hinzugefügt werden muss. Wir sind Zuhause angekommen.

Unser essentielles Wesen zu kennen ist göttlich. Mystiker haben Bände darüber geschrieben. Erleuchtete haben uns dazu inspiriert, uns ihm zu öffnen und die Ruhe und Freude zu genießen, die es bringt.

Und im Selbst zu ruhen ist so freudvoll, dass wir nicht anders können als es zu lieben.

Darum haben wir uns so lange danach gesehnt.

Es ist das Geliebte.

Sie sind der Geliebte.

10 DAS SELBST IDENTIFIZIERT SICH MIT NICHTS

ES WIRD MANCHMAL gesagt, dass sich das Selbst mit dem Ego, mit dem Denken oder mit dem Körper identifiziert. Dies bedeutet also, dass das gewahre "Ich" sich für ein getrenntes Selbst hält - einen Denker, einen Wähler, einen Handelnden.

Aber das reine Selbst glaubt oder denkt nichts. Es ist so, dass es der Gedanken und Überzeugungen gewahr ist, welche entstehen – der "Wissende" von alldem.

Anstatt dass das Selbst sich mit einer Erfahrung identifiziert, ist es so, dass unsere Aufmerksamkeit von der Erfahrung absorbiert wird.

Aufmerksamkeit kann als Scheinwerfer des Bewusstseins betrachtet werden, der sich auf einen bestimmten Aspekt aus der Gesamtheit unserer Erfahrung konzentriert. Seine Aufgabe ist es, sich auf Dinge zu konzentrieren, die wichtig sein können.

Die Aufmerksamkeit hat zwei grundlegende Betriebsarten. Die erste ist der entspannte Modus, bei dem alles in Ordnung ist. Wir fühlen uns wohl, und die Aufmerksamkeit bewegt sich mühelos von einem möglichen Interesse zum Nächsten, ohne willentlichem Aufwand oder Kontrolle – angezogen vom Gesang eines Vogels, einem Jucken, einer vorbeifliegenden Motte.

Wenn wir dann etwas von Interesse im Fokus haben, bleibt es dort für eine Weile. Wir beachten es. Ist es etwas, um das ich mir Sorgen machen sollte? Muss ich irgendetwas tun? Wenn ja, was? Der Fokus unseres Bewusstseins liegt jetzt auf dem vorliegenden Problem und die Gedanken, die wir damit verbinden.

Wenn das vorliegende Problem uns für unser Wohlergehen wichtig erscheint, ist das scheinbare Ganze unserer Erlebnisse zweigeteilt. Es gibt das "mich", den Organismus, um den man sich kümmern muss, und es gibt die Welt darum, die vielleicht irgendwie geändert werden muss – oder im Gegenteil: vor einer Veränderung bewahrt werden muss. Es entsteht das Gefühl, ein individuelles Selbst zu sein. Es identifiziert sich selbst mit dem Körper und glaubt daran, dass es jemand ist, der denkt und in der Welt handelt. Wie auch immer, wenn Sie damit anfangen dieses Gefühl eines eigenen Selbst zu erforschen, entdecken Sie, dass es nur eine Reihe von Gedanken und Überzeugungen ist. Es ist eine weitere Erfahrung, die durch das Bewusstsein hochkommt.

Es ist wie eine Figur in einer Novelle. Wenn die Novelle fesselnd ist, können wir, der Leser, in die Geschichte hineingezogen werden, in die Höhen und Tiefen vom Abenteuer des Helden, dass wir für eine gewisse Zeit vergessen, dass wir der Leser der Geschichte sind. Unsere Aufmerksamkeit wird vom Drama absorbiert. Ähnlich wie das Drama unseres eigenen Lebens, wird unsere Aufmerksamkeit absorbiert von unserer eigenen Heldenreise – den Herausforderungen und Möglichkeiten, den Hoffnungen und Ängsten, den Aufgaben, die uns bevorstehen, den Entscheidungen, die wir treffen müssen, den Risiken, die wir auf uns nehmen müssen.

In unserem Denken gibt es eine Identifikation mit der Figur unserer persönlichen Geschichte. Aber das reine Selbst, der Wissende von allen Erlebnissen, ist mit nichts identifiziert. Es bleibt so wie immer, der stille Zeuge von allen Spielereien. Es ist allem einfach gewahr, als wäre es einfach ein anderer Gedanke oder eine andere Erfahrung.

Wenn wir also sagen, dass wir uns mit dem Ego, unseren Gedanken oder dem Körper identifiziert haben, geschieht es in Wirklichkeit so, dass die Aufmerksamkeit von diesen Aspekten unserer Erfahrung so absorbiert wurde, dass sie unsere Realität dominieren. Für eine Weile hat die Tatsache, dass wir viel mehr als das sind, keine Chance erkannt zu werden. Wir verlieren uns wieder in der Handlung und vergessen, dass wir das sind, was das Drama beobachtet.

11 ZUM SELBST BETEN

NORMALERWEISE DENKEN WIR bei Gebeten an die Anrufung einer höheren Kraft. Wir mögen beten für die Heilung eines Bekannten, für Erfolg in einem Wagnis, für ein besseres Leben oder für Führung bei einem herausfordernden Problem. Hinter solchen Gebeten ist der Glaubenssatz, dass wir nicht die Kraft dazu haben, diese Dinge selbst zu ändern - wenn wir das täten, dann würden wir einfach mit dieser Aufgabe weitermachen – also ersuchen wir eine höhere Macht, die in unserem Namen handelt.

Aber was genau muss tatsächlich geändert werden? Meistens suchen wir danach, gewisse Umstände in der Welt zu schaffen, wodurch wir denken, dass sie uns glücklich machen – oder andersherum, den Dingen ausweichen, die uns Leid bringen. Wir glauben, dass wir endlich Frieden hätten, wenn die Dinge nur anders wären. Wenn wir es uns jedoch genauer ansehen, warum wir nicht in Frieden sind, stellen wir möglicherweise fest, dass die Wurzel unserer Unzufriedenheit nicht so sehr in der vorliegenden Situation liegt, sondern vielmehr in der Art und Weise, wie wir sie interpretieren.

Wenn ich im Stau stehe, sehe ich entweder etwas, das mich in einer bestimmten Art und Weise leiden lässt - spät zu einem Treffen zu kommen, ein Erlebnis zu verpassen oder jemanden aufzuregen – und so beginne ich mich, ängstlich, ungeduldig oder frustriert zu fühlen. Alternativ kann ich es als eine Möglichkeit zum Entspannen sehen und die Situation für ein paar Minuten auf die leichte Schulter nehmen. Die gleiche Situation; zwei sehr unterschiedliche Reaktionen. Dennoch liegt der Unterschied darin, wie ich die Dinge sehe.

Wenn ich mich selbst dabei erwische, wie ich irgendwie wütend bin, finde ich es hilfreich, mich daran zu erinnern, dass mein Ärger davon kommt, wie ich meine Situation interpretiere. Wenn dem so ist, macht es mehr Sinn danach zu fragen, nicht um einer Veränderung in der Welt willen, sondern um einer Veränderung in meiner Wahrnehmung.

Dafür bete ich. Ich versetze mich in einen ruhigen Zustand, dann frage ich, mit einer Haltung von unschuldiger Offenheit: "Könnte da vielleicht eine andere Sichtweise möglich sein?" Ich versuche nicht die Frage selbst zu beantworten; würde ich das tun, würde ich zweifellos meinen Denk-Verstand aktivieren, der es liebt sich einzumischen und Dinge für mich auszuarbeiten. Also stelle ich ganz einfach die Frage. Ich stelle sie. Und warte.

Oft kommt danach eine neue Sichtweise in den Blick. Sie kommt nicht als verbale Antwort, sondern als eine tatsächliche Verschiebung der Wahrnehmung. Ich sehe die Situation in einem anderen Licht.

Eine Verschiebung, die mir in Erinnerung geblieben ist, ist schon eine Weile her, als ich einige Probleme mit meiner damaligen Partnerin hatte. Sie verhielt sich nicht so, wie ich dachte, dass sie es tun sollte. (Wie viele von uns hatten nicht schon einmal das gleiche Gefühl?) Nach ein paar Tagen angespannter Beziehung entschied ich mich, so zu beten, eine sanfte Anfrage zu senden, ob es eventuell möglich wäre, das Ganze aus einem anderen Blickwinkel zu sehen.

Fast sofort sah ich meine Partnerin in einem ganz anderen Licht. Da war ein anderer Mensch, mit seiner eigenen Geschichte und Bedürfnissen, der Probleme hatte durch eine schwierige Situation zu steuern. Plötzlich änderte sich alles. Ich fühlte Mitgefühl anstelle von Feindseligkeit, Verständnis statt Verurteilung. Ich bemerkte, dass ich die letzten zwei Tage keine Liebe gespürt hatte; aber die Liebe kehrte jetzt zurück.

Die Ergebnisse eines derartigen Betens hörten nie auf mich zu beeindrucken. Ich sehe, wie meine Ängste und Beschwerden wegfallen. An ihrem Platz ist jetzt ein Anflug von Ruhe und Leichtigkeit. Wer oder was auch immer mir Stress machte, ich sehe jetzt durch Augen der Liebe und des Mitgefühls. Und diese neue Perspektive scheint oft so offensichtlich zu sein: Warum habe ich das nicht früher gesehen?

Die Schönheit dieses Vorgehens ist es, dass ich nicht für ein Eingreifen in der Welt bete, sondern für einen Eingriff in meinen Geist, für das, wo die meiste Hilfe benötigt wird.

Ich bete auch nicht zu irgendeiner externen Macht. Ich bete um Führung zu mir selbst –

zu meinem inneren Ich, das die Dinge so sieht wie sie sind, ohne die Filter meiner Hoffnungen und Ängste. Es erkennt, wenn ich in der Denkweise des Egos gefangen bin und ist immer bereit, mir zu helfen, mich zu befreien.

12 VERGEBUNG

VERGEBUNG SCHEINT NICHT IMMER einfach zu sein. Wenn wir uns angegriffen oder verletzt fühlen, haben wir vielleicht das Gefühl, dass das Zurückschlagen der einzige Weg ist, unseren Schmerz zu lindern. Wir wollen, dass andere wissen, wie verletzt wir sind. In solchen Zeiten ist der Gedanke, ihnen zu vergeben, weit entfernt.

Jemandem vergeben kann sich auch so anfühlen, als würden wir uns von ihm zurückziehen oder ihn loszulassen, was impliziert: "Ich weiß, dass du Unrecht getan hast, aber ich werde dich diesmal nicht bestrafen."

Aber wahre spirituelle Vergebung ist weit davon entfernt, nur zu sagen "Ich lasse dich los." Es kann sogar eine tiefgreifende Heilung sein, vor allem für eine Person, die sich verletzt fühlt.

Das griechische Wort in der Bibel, das übersetzt "vergeben" bedeutet, heißt aphesis. Dessen wörtliche Bedeutung ist "loslassen" -

als wenn wir ein Seil loslassen oder irgendetwas anderes, an dem wir uns festhalten. Wir lassen das Greifen nach irgendetwas los. Mit Vergebung ist das Greifen, das wir aufgeben, ein mentales Greifen. Wir lassen die Urteile und Anschuldigungen los, die wir einer Person gegenüber haben, und unsere Überzeugungen darüber, wie sie sich hätte verhalten sollen.

Wenn sich jemand nicht so verhält, wie wir es erwarten oder wie wir es gerngehabt hätten, tendieren wir dazu, wütend zu werden. Und wenn wir das tun, ist es einfach zu denken, dass die andere Person uns wütend gemacht hat. Wir machen sie verantwortlich für unsere Gefühle.

Aber wenn wir genauer hinschauen, finden wir in der Regel heraus, dass unser Unbehagen nicht von ihrem tatsächlichen Verhalten kommt, sondern davon, wie wir es interpretiert haben – der Geschichte, die wir uns selbst darüber erzählen, was sie getan haben, wofür wir sie beschuldigen und wie sie sich besser verhalten hätten.

Eine Sache, die helfen kann, ist, sich in die andere Person hineinzuversetzen. Wenn wir ihre Motive wirklich verstehen könnten - was sie dachte und fühlte, ihre Ängste und Schmerzen, ihren eigenen Hintergrund und ihre Verfassung, das heißt all die Einflüsse in ihrem Leben, die sie zu diesem Punkt in der Zeit geführt hat, dann könnten wir beginnen zu verstehen, warum sie getan hat, was sie getan hat. Wir können anfangen sie durch die Augen von Mitgefühl anstatt von Urteil zu sehen.

Wir können anfangen zu erkennen, dass sie sich, obwohl sie sich möglicherweise nicht so verhalten hat, wie wir glauben, dass sie es hätten tun sollen, in gewisser Weise genau so verhält, wie sie es tun sollte - angesichts aller früheren Situationen und Einflüsse, die dazu geführt haben.

Wahre Vergebung kommt, wenn wir erkennen, dass im Grunde die andere Person genau das wollte, was wir auch wollten. Auf ihre eigene Art und Weise hat sie nach mehr Frieden gesucht, um ihr eigenes Leid zu lindern. Aber so wie sie es getan hat, entsteht ein Konflikt mit unseren eigenen Ideen, wie wir zum Frieden finden können.

Dass soll nicht implizieren, dass wir einfach ihr Verhalten akzeptieren oder es sogar dulden sollen. Wir könnten das Bedürfnis verspüren, ihr Feedback zu geben oder Vorschläge zu machen, was sie tun könnte, um sich angemessener zu verhalten, aber tun Sie dies aus einem mitfühlenden Herzen heraus und nicht aus einem urteilenden Verstand.

13 FREUNDLICHKEIT

GEGEN ENDE SEINES LEBENS sagte Aldous Huxley, dass der beste Rat, den er nach 45 Jahren Forschung und Studium geben kann, ist, ein bisschen freundlicher zu sein ist.

Das englische Wort für freundlich ist "kind". Es stammt von "kin", auf Deutsch Verwandtschaft – die aus derselben Familie oder Stamm, die, denen wir nahestehen, die genauso sind wie wir.

Tief im Inneren sind wir alle gleich. Wir wollen uns alle wohlfühlen, mit Respekt behandelt werden, uns umsorgt und wertgeschätzt fühlen. Niemand von uns möchte sich kritisiert, abgelehnt, gedemütigt, ignoriert oder manipuliert fühlen. Um es auf den Punkt zu bringen: wir möchten uns alle geliebt fühlen. Ich meine damit nicht lieben im romantischen Sinne oder tiefe Gefühle, sondern einfach wohlwollender Umgang. Dies ist die universelle Grundlage für jede menschliche Beziehung. Wir wollen uns alle gut aufgehoben fühlen. Wir wollen freundlich behandelt werden.

Wenn jeder von uns mit Freundlichkeit behandelt werden möchte, dann sollte es auch unsere Absicht sein, diese Freundlichkeit anderen zu entgegenzubringen. Aber oft tun wir das genaue Gegenteil. Anstatt zu versuchen sicherzustellen, dass sich die andere Person gut aufgehoben und geschätzt fühlt, können wir in einen Teufelskreis von Beschuldigungen und Angriffen geraten.

Es fängt gewöhnlich damit an, sich wegen etwas, was andere gesagt oder getan haben, verletzt zu fühlen. Ob sie uns mit Absicht verletzt haben oder ob es nur in unserer Vorstellung so ist, ist ganz egal. Wir fühlen uns verletzt, und das ist Fakt. Dann, wenn wir uns nicht vollkommen unserer inneren Prozesse bewusst sind, verteidigen wir uns instinktiv selbst, indem wir andere ebenfalls angreifen. Es ist nicht die edelste oder klügste Antwort, dennoch neigen wir weniger als erleuchteten Menschen dazu, so zu reagieren.

Es kann eine schneidende Bemerkung oder Kritik sein, ein ärgerlicher Tonfall, eine Veränderung der Körpersprache oder einfach ein längeres Schweigen. Wie es auch immer aussehen mag, die zugrundeliegende Absicht ist, dass die andere Person sich nur ein wenig verletzt fühlt - nicht viel, nicht genug, um die Beziehung zu stören, aber ausreichend, dass die andere Person sich nicht total geliebt fühlt. Aber wenn die andere Person ebenfalls wenig erleuchtet ist, wird ihre Reaktion auf einen wahrgenommenen Angriff wahrscheinlich unserer ähnlich sein. Sie wird dazu neigen zurückzuschlagen, etwas zu tun oder zu sagen, um uns das Gefühl zu geben, ein wenig verletzt und nicht total geliebt zu sein.

Bald entsteht ein Teufelskreis. Es mag nicht immer so offensichtlich sein. Von außen sieht es oft so aus, als ob die Beziehung gut läuft. Beide Menschen wirken freundlich ohne eine Art von Feindseligkeit. Aber darunter wird ein trauriges Spiel gespielt. Jede Person, die versucht, dass sich der Andere liebevoller verhält, hält die Liebe tatsächlich zurück. Beide sagen offen zueinander: "Du respektierst mich nicht, deshalb werde ich zu dir unfreundlich sein, damit du deine Fehler erkennst und mich besser behandelst."

Es ist ein Verlierer-Verlierer Spiel. Kein Wunder also, dass viele Beziehungen - persönliche, soziale oder berufliche – sich auf steinigem Grund befinden.

Der Teufelskreis kann aufgebrochen werden, wenn begonnen wird zu erkennen, dass nicht nur wir, sondern auch die anderen geliebt werden und sich wohlfühlen wollen. Unsere Absicht wird dann folgendermaßen sein: Wie kann ich so reden, dass die andere Person sich nicht angegriffen oder abgelehnt fühlt, sondern respektiert und geliebt?

Wir können anfangen, indem wir wachsam gegen negative Einstellungen werden. Das Herausfiltern unserer aggressiven und feindlichen Gedanken kann einen Großteil des Problems an der Quelle beseitigen.

Das bedeutet jedoch nicht, dass wir nicht die Wahrheit aussprechen sollen. Also, erforschen Sie, wie Sie es bewerkstelligen können, dass die andere Person sich geschätzt anstatt attackiert fühlt. Wenn Sie etwas Schwieriges zu sagen haben, dann leiten Sie es mit der Angabe des Grundes ein, weshalb Sie es gerne sagen möchten, damit die Person weiß, dass es von einer fürsorglichen und nicht von einer angreifenden Einstellung kommt. Sie könnten zum Beispiel so anfangen: "Ich wertschätze unsere Beziehung und will sie wachsen sehen, aber damit das passiert, muss ich ein Thema diskutieren, welches für mich schwierig ist." Dies schafft eine ganz andere Atmosphäre als es einfach herauszusagen.

Es könnte auch helfen, die eigenen Ängste auszudrücken - sie sind nämlich auch Teil der Wahrheit. Wenn Sie Ihre Angst davor offenbaren, abgelehnt zu werden oder missverstanden zu werden, können Sie anderen dabei helfen, Ihre Bedenken zu würdigen und sie zu beruhigen. Dies ist auch das Ziel dieser Übung.

Und wenn diese Achtsamkeit nachlässt und sich der Angriffsmodus wieder einschleicht, gibt es nichts Schöneres als eine echte Entschuldigung, um die Dinge wieder zurechtzurücken. Geben Sie Ihre Fehler zu, stehen Sie zu Ihren Fehlern, (wir sind schließlich alle Menschen), und versuchen Sie, sich wieder mit einer emphatischeren Haltung auszudrücken.

Diese Übung in Freundlichkeit ist die Goldene Regel, die in allen spirituellen Traditionen gefunden wird. In der Bibel heißt es: „Alles nun, was ihr wollt, das euch die Leute tun sollen, das tut ihnen zuvor."

Ähnlich auch im Koran: "Niemand von euch ist ein Gläubiger, bis er für seinen Bruder das wünscht, was er für sich selbst wünscht."

Wenn wir das jedem weitergeben würden, den wir treffen oder zu dem wir sprechen, wäre die Welt ein ganz anderer Ort.

14 DIE UNTERSTÜTZUNG DER NATUR

IN DEN SECHSZIGER JAHREN habe ich viel Zeit mit dem Studium transzendentaler Meditation mit Maharishi Mahesh Yogi in seinem Ashram in Rishikesh, Indien, verbracht. Wenn er einschätzte, wie unser Fortschritt im Hinblick auf die Übungen war, interessierte er sich für gewöhnlich nicht sehr für unsere Erfahrungen mit der Meditation selbst – etwa, ob wir tiefe Einsichten oder Visionen hatten oder in die Erfahrung höheren Bewusstseins kamen. Sein Hauptinteresse war, ob wir bemerkten, was er "erhöhte Unterstützung der Natur" nannte. Damit meinte er: Haben wir bemerkt, dass die Welt unsere Bedürfnisse und Absichten zu unterstützen scheint – was viele von uns heute Synchronizität oder sinnvolle Zufälle nennen würden.

Er begründete es wie folgt: In der Meditation sind wir transzendent, wir "gehen also darüber hinaus", über den denkenden Geist hinaus. In unserem Denken geht es meistens um persönliche Bedürfnisse und Verlangen.

Und viele Probleme, die wir in der Welt sehen – von internationalen und Umwelt betreffenden Problemen bis zu sozialen und persönlichen Problemen - entspringen auf die eine oder andere Weise unserem egozentrischen Denken. Indem wir diese Denkweise überschreiten, befreien wir uns von einer Grundursache unserer Probleme und unterstützen damit die Natur im höchstmöglichen Maße.

Und die Natur erwidert die Wohltat, indem sie uns unterstützt!

Ich habe von keinem anderen Lehrer gehört, der diesen Ansatz verfolgt hat (was nicht bedeutet, dass es keinen gibt). Und obwohl es ein wenig klingt wie "magisches Denken", habe ich bemerkt, dass es in meinem eigenen Leben wirklich so ist. Wenn ich regelmäßig meditiere und vor allem, wenn ich in einem Meditationsretreat bin, scheint das Leben so gut zu funktionieren, dass mich viele kleine Zufälle genau dort hinführen, wo ich zu der Zeit sein sollte. Wenn ich gestresst bin, nicht in Kontakt mit meinem inneren Ich, sondern in meinen Bedürfnissen und Verlangen gefangen bin, ergibt sich diese Synchronizität nicht so selbstverständlich.

15 WO BIST DU?

AUF DIE FRAGE "Wo bist du?" könnten wir antworten, das "Ich" weiß es.

Wann bist du? "Jetzt" ist die offensichtlichste Antwort. "Ich" bin immer im jetzigen Moment, obwohl meine Gedanken vielleicht in der Vergangenheit oder Zukunft sind.

Wo bist du? "Hier" könnte man sagen. Wo noch?

Aber was meint man mit hier? Sie zeigen bestimmt genau auf den Punkt auf der Welt, an dem sich Ihr Körper gerade befindet. Und es ist leicht anzunehmen, dass dies auch der Ort ist, an dem sich Ihr Bewusstsein befindet.

Die Wörter erscheinen vielleicht um die 30 Zentimeter vor Ihnen. Weiter hinten ist vielleicht ein Tisch; dann ist da der Boden unter Ihnen; und vielleicht noch weiter hinten ein Fester. Die Welt scheint um Sie herum angeordnet zu sein – um das "Ich", dem alles gewahr ist – irgendwo in Ihrem Kopf.

Das Gefühl, dass unser Bewusstsein irgendwo in unserem Kopf ist, scheint mit dem Fakt, dass unser Gehirn ebenfalls in unserem Kopf ist, zusammenzupassen, denn Gehirne sind irgendwo mit Bewusstsein verbunden. Wir würden es komisch finden, wenn das Gehirn im Kopf wäre, wir uns selbst jedoch im Knie fühlen würden.

Aber es ist nicht alles so, wie es scheint. Die Lage Ihres Bewusstseins hat nicht wirklich etwas mit der Lage Ihres Gehirns zu tun. Es hängt von der Lage Ihrer Sinne ab.

Ihre primären räumlichen Sinne – Ihre Augen und Ohren – befinden sich am Kopf. Dennoch ist der zentrale Punkt Ihrer Wahrnehmung – der Punkt, von wo aus Sie die Welt zu erleben scheinen – irgendwo hinter Ihren Augen und zwischen Ihren Ohren – irgendwo in der Mitte Ihres Kopfes. Die Tatsache, dass Ihr Gehirn ebenfalls in Ihrem Kopf ist, ist nur ein Zufall, was das folgende Gedankenexperiment beweisen wird.

Stellen Sie sich vor, dass Ihre Augen und Ohren in Ihre Knie transplantiert würden, sodass Sie die Welt nun von dem neuen Aussichtspunkt hören und sehen können. Wo würden Sie Ihr Selbst jetzt sehen? In Ihrem Kopf? Oder unten in Ihren Knien? Ihr Gehirn mag zwar noch immer in Ihrem Kopf sein, aber nicht der zentrale Punkt Ihrer Wahrnehmung. Sie würden die Welt von einem anderen Punkt aus sehen. Wenn Sie sich selbst in den Mittelpunkt dieser neuen Sichtweise stellen, würden Sie sich tatsächlich irgendwo um die Knie fühlen.

Heute muss das kein Gedankenexperiment bleiben. Mit virtueller Realität ist es möglich ein Phänomen namens "Telepräsenz" zu kreieren, also buchstäblich "Fernpräsenz". Ein Virtuelle Realität Headset nimmt Informationen auf, die von Kameras und Mikrofonen kommen, die um den Kopf eines Dummys in einem anderen Raum gestellt werden. Für eine Person, die das Headset trägt, ist die primäre Wahrnehmung nun in einem anderen Raum. Innerhalb einiger Minuten beginnen sie sich so zu fühlen, als wären sie in dem anderen Raum.

In Kurzform ist also der Eindruck, dass das eigene Bewusstsein sich im Raum befindet, nur eine Illusion. Wenn Sie realisieren, dass Ihre Sinne in Ihnen selbst sind, dann stellen

Sie sich natürlicherweise vor, dass Sie sich im Zentrum Ihrer wahrgenommenen Welt befinden. Aber das Ganze Ihrer wahrgenommenen Welt ist eine Repräsentation der Realität, welche in Ihnen erscheint. Es ist nicht so, dass Sie irgendwo auf der Welt sind. Die Wahrheit ist das genaue Gegenteil. Alles, was Sie wahrnehmen, ist in Ihnen selbst.

Das Bewusstsein kann nicht irgendwo in der Welt Ihrer Erlebnisse oder Erfahrungen lokalisiert werden; es ist das, was in Ihrer Welt erscheint.

16 WELLEN DES WISSENS

WORAUS BESTEHEN Gedanken?

Sie sind keine materiellen Dinge; sie sind nicht aus Atomen oder irgendetwas Physischem gemacht. Dennoch existieren unsere Gedanken eindeutig. Was ist dann ihre essenzielle Substanz?

Da wir uns diese Frage nicht oft stellen, haben wir keine Worte für das "Zeug", aus dem mentale Phänomene gemacht sind. Die beste Antwort darauf ist wohl, dass es aus „Verstand-Zeugs" gemacht ist. Das sagt nicht viel aus, außer, um zu betonen, dass sie nicht aus Materie bestehen.

Man könnte behaupten, dass das Zeug aus dem Verstand das Bewusstsein ist. Aber Vorsicht ist hier geboten. Das Wort "Bewusstsein" hat verschiedene Bedeutungen, und meine Idee könnte anders sein als Ihre.

Zusätzlich ist es ein Substantiv, das bedeutet, dass es "etwas" ist. Daher ist es etwas, das auf irgendeine Weise erkannt werden kann, wie subtil es auch sein mag - ein anderes Objekt des Wissens als das, das alle Erfahrungen kennt, aller Erfahrungen gewahr ist.

Das englische Wort "conscious", "bewusst", stammt aus dem Lateinischen con-scius - buchstäblich, "mit Wissen". Das Suffix "ness" in conscious-ness, also Bewusstsein, bedeutet "Zustand oder Qualität von". Es wird an ein Adjektiv angehängt, um ein abstraktes Substantiv zu erstellen, mit dem wir allgemein über diese Eigenschaft sprechen können. Freude ist der Zustand von fröhlich sein. Weichheit ist die Qualität, weich zu sein. Aber weder Freude noch Weichheit existiert als unabhängiges "Ding". Ähnlich gibt es auch kein "Ding" für Bewusstsein. Das Wort bezieht sich auf "den Zustand oder die Qualität", sich einer Sache bewusst zu sein – "mit Wissen" zu sein.

Also könnte man nun sagen, das die wesentliche Substanz von allen Gedanken das Wissen davon ist. Sie sind aus Wissen gemacht.

Eine Analogie wird oft mit den Wellen im Wasser gesehen. Eine Welle ist nur Wasser in Bewegung. Sie existiert nicht als unabhängige Identität separat vom Wasser. Es ist nur die Art und Weise, wie die Bewegung wahrgenommen wird.

Genauso sind unsere Gedanken Wellen des Wissens, welche als Worte in meinem Geist erfahren werden, vielleicht mit ein paar Bildern von der Vergangenheit und vielleicht ein paar zusammenhängenden Gefühlen. Aber die Gedanken haben keine unabhängige Existenz außerhalb meines Wissens davon. Es ist nur eine vorübergehende Welle auf dem allgegenwärtigen Feld des Wissens.

Das Gleiche gilt für jedes andere Erlebnis, das im Verstand auftritt. Die Bilder, welche das Gedächtnis abbildet, sind alle "im Verstand" und sind ebenfalls nur Modulationen von Feldern des Wissens. So verhält es sich auch mit den Szenen, die wir sehen, wenn wir uns die Zukunft vorstellen.

Es ist nur ein kleiner Schritt zu erkennen, dass dies auch für unsere Erfahrung der materiellen Welt gilt. Wenn Sie Ihre Augen schließen und die Erfahrungen Ihres Körpers erforschen, dann finden Sie verschiedene Gefühle - ein gewisser Druck an manchen Orten, eine Wärme hier, ein Kribbeln dort oder eine Spannung vielleicht. Dies sind ebenfalls nur Wellen im Feld des Wissens. Die unterschiedlichen Empfindungen werden in die Erfahrung integriert, einen Körper zu haben. Aber wie die verschiedenen Empfindungen, so ist auch diese Erfahrung eines Körpers eine andere Modulation des Feldes des Wissens.

Ähnlich ist es mit Geräuschen. Es ist leicht zu verstehen, wenn wir uns vorstellen, Musik zu hören. Das ist eindeutig eine Erfahrung, die im Geist entsteht. Es gibt keinen bedeutenden Unterschied zu "Live"-Musik. Das Gehirn nimmt die Daten, die es von den Ohren kennt und erstellt daraus das Geräusch der Musik. Dies wird als externe Welt über dem Körper erlebt, aber das Erlebnis selbst entsteht in mir, als eine Erregung im Feld des Wissens.

Wenn Informationen von anderen Sinnen hinzugefügt werden, beginnt unsere mentale Repräsentation der Welt den Anschein einer unabhängigen Realität anzunehmen. Wir beginnen zu glauben, dass die Welt, die in unserem Bewusstsein entsteht, die Welt da draußen ist – die sogenannte "reale" Welt.

Dies wird umso überzeugender, sobald wir unsere Augen öffnen.

Das Sehen entführt uns in die Welt eines scheinbaren Außenraums, der eigenständig real zu sein scheint und mit materiellen Objekten gefüllt ist. Wie auch immer es erscheint, sind wir gezwungen zu akzeptieren, dass die visuellen Erlebnisse selbst ebenfalls nur Wellen im Feld des Wissens sind.

Hier wird es langsam nervenaufreibend. Wir mögen realisieren, dass die Farben, die wir sehen, nur in unserem Verstand entstehen – das Licht selbst ist nicht farbig, es ist nur Energie von variierenden Frequenzen im Verstand – aber es ist schwieriger zu verstehen, dass dasselbe für die Solidität gilt, die wir um uns herum erfahren. Es sieht nicht nur solide aus, wir können es berühren, es fühlen und erleben, wie es unsere Bewegung behindert. Wir scheinen die Welt direkt zu erleben, aber in Wahrheit ist alles, was wir erleben, einschließlich ihrer scheinbaren Solidität, eine Repräsentation der Welt "da draußen", die auf unserem Feld des Wissens erscheint. Es ist die Art und Weise, wie die

Information, die die Sinne aufnehmen, im Verstand erscheinen.

Wir können diese Repräsentation im Verstand erforschen und daraus eine Schlussfolgerung hinsichtlich die Natur der physischen Welt ziehen – was die Wissenschaft versucht zu tun – aber alles, was wir entdecken, alles, was wir über die Welt wissen und verstehen, all unsere wissenschaftlichen Theorien und mathematischen Gleichungen, unsere Konzepte in Bezug auf Substanzen, Energie, Raum und Zeit, unsere Vorstellungen von Quarks, Strings, Partikeln und Wellen, sind Erscheinungen im Verstand, weitere Wellen im Feld des Wissens.

Wissende Wellen im Feld des Wissens. Allwissenheit. Gewahrsein, sich selbst gewahr.

DEFINITIONEN

---

*Anmerkungen des Herausgebers

1. „Erfahrung" in diesem Zusammenhang bezieht sich sowohl auf unser inneres Erleben von Gedanken, Bildern, Erinnerungen, Gefühlen und Empfindungen als auch auf unsere Wahrnehmung einer scheinbar äußeren Welt, das heißt von Sehen, Geräuschen, Geschmäcker, Substanzen und Gerüchen. Diese werden kollektiv als "Objekte" oder "objektives Erleben" bezeichnet.

2. Das Wort "Wissen" wird in diesem Buch synonym mit "gewahr sein", oder "Gewahrsein" oder "Bewusstsein" verwendet. Es bedeutet nicht begriffliches Wissen, sondern sich selbst zu kennen, sich seiner selbst gewahr zu sein, unabhängig davon, was gewusst oder erfahren ist.

3. „Geist" oder "Verstand" wird in diesem Zusammenhang synonym mit "Erfahrung" verwendet und umfasst alles Denken, Vorstellen, Fühlen, Spüren und Wahrnehmen.

LITERATURVERZEICHNIS

Copyright © Englische Originalausgabe SEEDS OF AWAKENING 2018 Peter Russell

All rights reserved. No part of this book may be reproduced in any manner whatsoever without prior written permission from the author, except for questions embodied in critical articles or reviews.

Library of Congress Control Number: 2017917308

ISBN: 978-1-928586-13-5

Published by Elf Rock Productions,

2375 E Tropicana Ave, 8-273, Las Vegas, NV 89119-8329

Zusammenfassung aus dem Video
‚Im Strudel der Zeit', The White Hole in Time

Bilder: Andrea Striebel/ Thomas Frauenkorn-Cover, Römischer Brunnen Villa Borghese

RESSOURCEN UM TIEFER ZU GEHEN

Ich empfehle jedem, der eine tiefere Erforschung dieses Neuausrichtungsprozesses machen möchte, den Besuch der Webseite The Spirit of Now peterrussell.com

AM I Atem-Meditation Institut
Johann Böing-Messing
johann-boeing-messing.de

Vision for Future
Lesungen, Videovorführungen, Meditation
Life Coaching
Mobil: +49152 5767 8697

Weitere Bücher von Johann F. Böing-Messing
„Der Glücksgenerator-Den Fluss der Freude in dir spüren", tredition.de
ISBN 978-3-7482-7386-8

„Fülle fürs Leben-Leben im Fluss Göttlicher Fülle", tredition.de
ISBN 978-3-7482-7649-4

ÜBER DEN AUTOR PETER RUSSEL

Peter Russel ist ein führender Denker im Hinblick auf Bewusstsein und zeitgemäße Spiritualität. Er ist der Autor von neun anderen Büchern, unter anderem "The Global Brain", "Waking Up in Time", "From Science to God", „Der direkte Weg: Transzendentale Meditation nach Maharishi".

Peter glaubt, dass die entscheidende Herausforderung heute darin besteht, das menschliche Denken aus den begrenzten Überzeugungen und Einstellungen zu befreien, die hinter so vielen unserer Probleme stecken - persönliche, soziale und globale. Seine Mission ist es, die essentielle Weisheit, die sich in verschiedenen spirituellen Traditionen offenbart, auf zeitgemäße und überzeugende Weise darzustellen.

Er hat eine umfangreiche Webseite,
The Spirit of Now - peterrussell.com, die zahlreiche Artikel, Aufnahmen, Videos und Meditationen enthält.

ÜBER DEN HERAUSGEBER

———

Johann F. Böing-Messing verbrachte den größten Teil seiner Jugend im Internat des Klosters Mariengarden. Abiturjahrgang 1970. Er war nach seiner Ausbildung zum Industriekaufmann IHK tätig als Geschäftsführer und selbständiger Unternehmer. Auf dem Weg entdeckte er seine Liebe für Life Coaching und Transformation. In den letzten Jahrzehnten begleitete er Menschen persönlich und mit Telefon- und Korrespondenzkursen dabei, den Unterschied zu machen, den sie machen können und im Gewahrsein des inneren Lichts zu leben.

EPILOG – 360° JUST ONE

Von Johann F. Böing-Messing

Disney 360° Kino

Ich erinnere mich an den Besuch eines Circle-Vision, eines Disney 360° Kino während einer USA Reise 1969 in Florida.

Es ist ein Kinoraum mit einer allumfassenden Leinwand, rundherum, 360°.

Diese Erfahrung war für mich tiefgehend. Sie erinnert mich an Berichte aus Einweihungsschulen über die Erfahrung der zugrundeliegenden Einheit von Allem was ist.
360° Just One.

Stellen Sie sich vor, ein Hund läuft freundlich wedelnd, die Nase am Boden, bis in das Zentrum, in die Mitte des Kinos. Das freundliche Wedeln von ungezählten Hundeschwänzen an der Leinwand nimmt er nicht bewusst wahr. In der Mitte des Raumes bleibt er stehen. Er hebt seinen Kopf und schaut hoch. Er erschrickt. Er erstarrt. Er fängt an zu bellen.

Er ist umgeben von unzähligen anderen Hunden, die ihn anbellen. Er bellt lauter. Er stellt die Nackenhaare hoch. Die scheinbar unzähligen anderen Hunde bellen auch lauter. Sie alle stellen ihre Nackenhaare hoch. Schließlich fühlt er sich erschöpft, umzingelt und überwältigt. Er fällt bewegungslos um.

Stille. Stille. Atemlose Stille.

Die Vorstellung, es gibt andere als mich, scheint auszureichen, um ein Paradigma der Trennung zu erschaffen.

Nutzen Sie diesen Raum, um über Ihre Vision zu reflektieren.

Vision for Future. Was ist Ihre Vision?

"Mitgefühl und Liebe sind Notwendigkeiten, kein Luxus. Ohne sie kann die Menschheit nicht überleben."

Dalai Lama

Nutzen Sie diesen Raum, um über Ihre Vision zu reflektieren.

Vision for Future. Was ist Ihre Vision?

Im Life Coaching haben wir nachfolgende Zitate erfahrungsbezogen untersucht. Viele Teilnehmer haben bestätigt, dass diese Erforschung wertvoll ist für die Beziehung zu sich selbst und für ein harmonisches und soziales Miteinander.

„Und was du nicht willst, das man dir tut, das füge auch dir selbst nicht zu.

Und was die Anderen dir sollen geben, das gib dir selbst, dann wirst du leben.

Und was du auch tust, ob offen oder ganz im Stillen, das tue stets um Gottes willen."

Udo Derbolowsky

„Deine Aufgabe ist nicht, die Liebe zu suchen, sondern lediglich all die Hindernisse in dir zu suchen und zu finden, die du dagegen aufgebaut hast."

Rumi

Nutzen Sie diesen Raum, um über Ihre Vision zu reflektieren.

Welche begrenzenden Überzeugungen haben Sie entdeckt?

Wie fühlen Sie sich, wenn Sie daran festhalten?

Wie reagieren Sie, zu welchen Ablenkungen, Verhaltensweisen und Süchten greifen Sie, wenn Sie daran festhalten?

Könnten die Fragen aus Kapitel 5 Sie jetzt unterstützen?

„Es gibt nur zwei Arten zu leben. Entweder so, als wäre nichts ein Wunder, oder so, als wäre alles ein Wunder.

Ich wähle Letzteres."

Albert Einstein

Nutzen Sie diesen Raum, um über Ihre Vision zu reflektieren.

Vision for Future. Was ist Ihre Vision?

Der römische Brunnen

„Aufsteigt der Strahl und fallend gießt

Er voll der Marmorschale Rund,

Die, sich verschleiernd, überfließt

In einer zweiten Schale Grund;

Die zweite gibt, sie wird zu reich,

Der dritten wallend ihre Flut,

Und jede nimmt und gibt zugleich

Und strömt und ruht."

Conrad Ferdinand Meyer

John Lennon – Songtext Imagine

„You, you may say

I'm a dreamer, but I'm not the only one

I hope some day you'll join us

And the world will be as one.

You, you may say

I'm a dreamer, but I'm not the only one

I hope some day you'll join us

And the world will live as one."

DANKSAGUNG

Herzlichen Dank an Peter Russell für die vielfältige Inspiration. Es hat mich dazu inspiriert, andere zu inspirieren. Ich danke allen von ganzem Herzen, die mich bei der Umsetzung dieses Buchprojektes unterstützen.

Ich wertschätze ausdrücklich die kompetente und fortwährende Begleitung der Mitarbeiter/innen von tredition. Robin Üffing danke ich für den wohltuenden Austausch und die technische Hilfe bei der Umsetzung.

Meine tiefe Dankbarkeit gilt meinen Eltern Gertrud Johanna und Josef Ernst, die mir 1969 meine erste Reise in die USA ermöglicht haben. Ein für mich bedeutsamer Teil der Rundreise war ein Besuch des 360° Kinos von Disney in Florida. Diese 360° Kino Erfahrung war eine Sensibilisierung für das Gewahrsein der Einheit der Menschheit, ein Blick auf das Paradigma des Eins sein. Es war ein empfänglich werden für die Wahrnehmung des Schmerzes, den man verursacht. Die im EPILOG beschriebene Geschichte des

Hundes, der in das 360° Kino hineinläuft, spricht Bände. Ich fühle tiefe Dankbarkeit für alle, die mir den Weg bereitet haben zur Teilnahme an zwei Avatar® Bewusstseinstrainings im Herbst 1995 in Florida. Diese Trainings ermöglichen mir ein Verständnis von dem, was Peter Russell in dem Video ‚Im Strudel der Zeit' so ausdrückt: ‚Werde ruhig, lass den Geist frei werden vom Reiz der Sinne, und wisse, wisse als eine direkte Lebenserfahrung, das ICH, das heißt das innere Selbst, das Licht des Bewusstseins das in mir leuchtet, dasselbe Licht ist, das in allen Menschen leuchtet, in allen bewussten Geschöpfen und durch das ganze Sein'.

Mögen Wellen der Dankbarkeit und Freude, sowie Strömungen der Liebe, das 360° Kino füllen.

Vision for Future